¡LOS 3 EVENTOS!
FE, AMOR Y DIOS

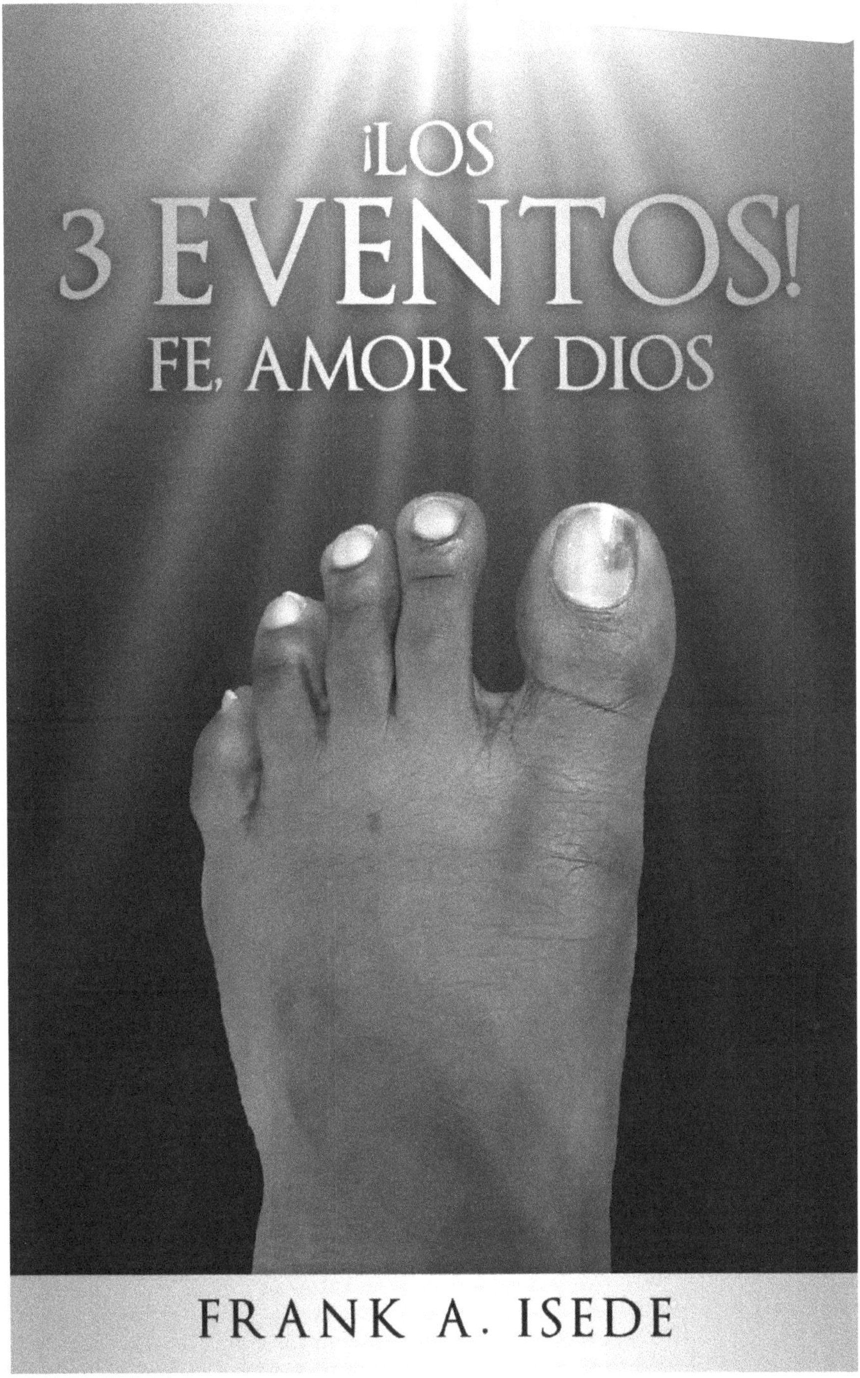

FRANK A. ISEDE

Contenido

Gracias por comprar este libro, ya que es el primer libro que escribo. Cuando era niño, nunca pensé que algún día escribiría un libro, pero aquí estoy.

Sé que tienes muchas preguntas para mí, ya que el título de este libro ha despertado curiosidad. No tenía título cuando comencé y oré por recuerdos vívidos de los acontecimientos, mientras escribía desde el espíritu y pedía orientación para una transición clara.

Aquí tengo la intención de compartir mi experiencia y mi verdad, transmitiendo mi historia a cualquiera que pueda encontrar temas en la misma posición o simplemente sienta curiosidad por su fe o Dios.

Intentaré ser detallado y he hecho efectos para dividir este libro en capítulos que fluyen de principio a fin.

El comienzo

Crecí en una familia de cinco. Mi padre y mi madre no venían del ámbito sanitario. Mi padre era un hombre de seguridad que creía en hacer todo bien y tratar a las personas con el mayor respeto. Se aseguró de que tuviéramos una respuesta para nuestros hijos saludándolos primero y nos sorprendió siendo humildes. Crecí en una familia cristiana. Mi padre nos llevaba a la iglesia todos los domingos, deseaba algunos domingos cuando era niño y no tenía ganas de ir. Pero él reunía a todos y dejaba claro que no teníamos otra opción que ir a la iglesia. Los domingos eran imprescindibles si vivías en nuestra casa.

Teníamos lo que llamábamos ropa de iglesia, que sólo veíamos los domingos. Nuestros mejores, y a veces los mismos artículos, nacían todos los domingos porque mis padres no podían tener más ropa de iglesia. Esperaba con ansias los domingos porque lucía mejor ese día de la semana. Un regalo tradicional de Navidad de mis padres fue la ropa de iglesia, que siempre aprecié.

Crecí en una iglesia pentecostal, donde recibí todas mis enseñanzas de la Biblia desde la infancia. Gran parte de ello no significaba mucho en aquel entonces, pero una exposición suficiente a la palabra de Dios claramente tenía sentido más adelante en la vida.

En En la secundaria, ir a la iglesia cuando era niño me parecía algo que tenía que hacer y a veces me sentía obligado, porque mis padres eran estrictos en ese punto, haciendo lo que pensaban que era su responsabilidad como padres. Ahora miro hacia atrás a esos domingos y me pregunto: *¿Qué hubiera pasado si nunca hubiera puesto un pie en la iglesia?* Pero Dios nunca comete errores. Su mano me puso donde estaba en la vida.

En todo caso, ir a la iglesia y aprender acerca de Dios me expuso al poder de algo más grande, y creí que lo había, pero en el fondo, en mi juventud, nunca experimenté a Dios. O al menos no como me hubiera gustado. Sabía que Dios era el poder supremo que nadie veía pero que estaba en todas partes.

A medida que avanzaba en la escuela secundaria, fui a una escuela católica y estuve expuesto a todas las rutas cristianas, el camino católico; los himnos y las oraciones solemnes y tranquilas. De hecho, esto era diferente de la forma pentecostal, de cómo estaba acostumbrado a hacer las cosas. Para explicarlo mejor, en la iglesia de Pentecostés no tenía que confesar mis pecados a nadie, no tenía que ir a la iglesia y esperar un servicio o un servicio llamado "Misa."

En la escuela secundaria, comienzo a desarrollar la ciudadanía sobre por qué hay tantas denominaciones y si Dios es la constante en todas las religiones, como he llegado a comprender. Si es así, ¿por qué la diferencia en la doctrina? No pensé mucho en ello en la escuela secundaria, ya que estaba demasiado ocupado con la vida, pero fui a todos los avivamientos, villas y clases de Biblia cuando pude.

Después de graduarme de la escuela secundaria y pasar por mi primer desamor, comienzo mi primer trabajo. Pronto, la realidad de la vida comenzó a instalarse. Ya sabes, por el que estás pasando ahora mismo. Noté que mis padres comenzaron a soltar el acelerador para ir a Iglesia por regla general en nuestra casa, y me saltaría algunos domingos. Después de la secundaria, mis padres a menudo me desafiaban a que me mapearan, ya que tengo edad suficiente para tomar tales decisiones, pero robé, hasta que me di cuenta de que era algo que debía hacer para crecer en mi vida cristiana. Al menos eso es lo que pensé.

Pasé por la clase de bautismo en mi iglesia pentecostal cuando eran mis primeros gemelos. La clase en aquel entonces era para enseñar a personas como yo la importancia y el significado del bautismo.

Evento uno

Fe

Después del bautismo, sentí como si sólo estuviera marcando una casilla. Realmente no sentí ninguna comprensión divina de lo que estaba haciendo. Sentí que era algo que tenía que hacer para llenar la parte cristiana de mi vida.

Todavía me dedicaba a comprender mi religión, así que seguí yendo a la iglesia y, después de unos años, pude conseguir una visa de estudiante para venir a los Estados Unidos.

Fue un momento muy emocionante pero emocionante de mi vida, ya que este era el sueño de todos los que conocía en Nigeria. Justo antes de partir hacia Estados Unidos, mi madre, que estaba increíblemente enojada por mi viaje, me llevó a su iglesia, con un pastor probado y talentoso. En mi primera visita me dijeron que tenía un corazón fuerte y que mi madre me amaba. Me sorprendió eso, pero prefiero esperar algo más extraordinario de este hombre. Quería que me contara sobre mi futuro u me ofreciera orientación real, pero no obtuve nada. Más tarde recibí un mensaje suyo de que necesitaba orar y ayunar durante siete días. Él construyó que yo no podía volver a casa y que como parte de su religión era usar una camisa blanca y nada de color.

Tenía que estar en la iglesia y simplemente beber agua a las seis de la tarde. A esto se le llamó ayuno seco. Estuve presente al principio, pero aun así actué para iniciar el proceso. No hay teléfonos móviles, ni televisión, ni libros. Sólo un espíritu con Dios. No estaba seguro de qué esperar al entrar.

El primer día se trató de leer versiones de salmos y orar hasta que no tuviera más palabras para continuar. Luego dormía al costado del altar de la iglesia. El segundo día fue una continuación del primer día, hasta el séptimo día.

Durante todo ese tiempo, desde el primer día hasta el sexto, no tuve ninguna experiencia de ningún tipo. Todavía estaba orando para entender a Dios y mi relación con Él, para sentir algo más allá del cazador, pero, por desgracia, me quedé en silencio.

Participé en cada evento en la iglesia esa semana porque viví allí en el altar durante siete días. Yo estaba en su estudio bíblico del miércoles, y todos se iban y volvían a casa, mientras yo me quedaba atrás.

El séptimo día, el último día antes de tener que romper el ayuno y la oración de siete días, siento el profundo trance en medio de enviar a Dios y llamar a Dios' por nombres. Escupí Sus nombres, como Jehová Jireh, Jehová nessi, omnisciente, Dios omnipotente, etc., que siguieron asustados hasta que me quedé medio dormido, y de repente escuché un fuerte sonido en mi oído derecho. Sonaba como una trompeta y un sonido de votación en mi tímpano. Abrí los ojos ligeramente y miré a mi alrededor para descubrir de dónde venía el sonido, pero estaba solo allí en el altar, con mi Biblia debajo de mi cabeza como almohada. Cuando no noté nada ni vi a nadie, volví a sentirme en el mismo trance. Luego volvió el sonido, y esta vez una voz. La voz escupe rápido. Sonaba como múltiples voces en tono fuerte y sincronizado, diciendo "Deuteronomio seis, versículo uno, Deuteronomio seis, versículo uno, Deuteronomio seis, versículo uno" Escupió rápidamente, repitiendo el capítulo y el versículo tres veces.

Fui directamente a ese pasaje de la Biblia. Sabía que alguien estaba intentando que lo leyera de inmediato. Cuando abrí el verso, la voz se detuvo.

Deuteronomio 6, versión 1, dice, utilizando la versión King James:

1 "Estos son los mandamientos, las estadísticas y los juicios que el Señor vuestro Dios mandó enseñaros, para que los hagáis en la tierra donde vais a poseerla.

2 Para que temas al Señor tu Dios, para guardar todos sus estatutos y sus mandamientos que yo te mando a ti, a ti, a tu hijo y al hijo de tu hijo, todos los días de tu vida; y para que tus días se prolonguen.

3 Oídlo, oh Israel, y observad hacerlo; para que te vaya bien y para que induzcas poderosamente, como te había promovido el Señor Dios de tus padres, en la tierra que fluye leche y miel.

4 Escucha, Israel: El Señor nuestro Dios es un solo Señor:

5 Y amarás al Señor tu Dios con todo tu corazón, con toda tu alma y con todas tus fuerzas.

6 Y estas palabras que yo te mando hoy estarán en tu corazón:

7 Y los enseñarás diligentemente a tus hijos, y hablarás de ellos cuando te sientes en tu casa, y cuando camines por el camino, y cuando te acuestes, y cuando te levantes.

8 Y los atarás como señal en tu mano, y serán como frentes entre tus ojos.

9 Y los escribirás sobre los postes de tu casa y sobre tus puertas.

Dejé de leer en el versículo nueve. Miré a mi alrededor y supe que acababa de experimentar a Dios por primera vez a través de los ángeles de Dios para transmitir mi mensaje mientras viajaba a los Estados Unidos.

Este fue un momento decisivo, ya que estaba asombrado, acostado en el altar.

Me arrodillé y agradecí a Dios por el mensaje, y nunca volví a ser el mismo.

Me levanté y mi madre vino poco después a acompañarme a casa. Le conté lo que pasó y ella sonrió. Ella sabía que su hijo acababa de insinuar a Dios.

Me quedé asombrado y sin palabras. Podría, en mi espíritu, haber experimentado a Dios de tal manera que nunca podría imaginarlo ni expresarlo.

Por primera vez me sentí como si pareciera loco ante el mundo. Luego mi madre y yo fuimos al pastor profético, a quien luego le conté lo sucedido, y él también sonrió y me dijo que yo era hijo de Dios y que recordara que yo era de Dios cuando fui a Estados Unidos.

Luego me fui a casa.

Tomo el transporte público para volver a casa y durante todo ese camino todavía estuve asombrado. Pensé que nadie excepto mi madre sabría o entendería por lo que acabo de pasar. Fue y sigue siendo una experiencia surrealista increíble.

Sé que todos y cada uno de nosotros hemos experimentado a Dios en un momento difícil, a través de algo que no se puede explicar. Sé que hay muchas historias como la mía. Pero la experiencia permaneció conmigo, mientras decía en mi corazón que hay un Dios. Siempre supe que Dios existe y me ama, pero nunca sentí a Dios como lo sentí esa noche en el altar.

Después de varios meses, emigré con éxito a los Estados Unidos y aterricé en Nueva York. Me pillaron apoyando en mi bolsillo a alguien de Nigeria, a quien pregunté cuando entré en Nueva York, justo afuera del aeropuerto. Ahora, quizás estés pensando cómo traje arena a mi bolsillo desde Nigeria con todas las pantallas de inmigración. No fue mucho, sólo lo suficiente para saltar y decir una oración de favor de Dios.

Mi destino era Luisiana, donde pasé mis estudios, asistí a villas y continué mi viaje cristiano.

Recuerdo dos incidentes en los que Dios me favoreció mucho y supe que Dios estaba conmigo. En mi vuelo de conexión de Nueva York a Luisiana, el hombre que estaba sentado a mi lado inició una conversación y mostró interés en mi historia de que estaba volando solo a Luisiana, en un nuevo país. Me preguntó dónde me alojaría y simplemente le diría que pagaría un hotel durante tres días, que costaba unos treinta y cinco dólares la noche, hasta que pudiera llegar a la ciudad y buscar un apartamento. Tenía $750 conmigo.

Quedó impresionado con mi valentía y, para mi sorpresa, pudo localizar mi hotel al día siguiente, ya que era un pueblo pequeño y le había dicho su nombre. Había comprado una bicicleta y la llevó a mi hotel, regalándomela. Vino con su esposa y le dijo: "Esto es Estados Unidos" y que lo necesitaría.

No lo entendí entonces, pero lo entiendo ahora. Ir al Walmart o tienda de comestibles más cercano era una caminata de una hora para mí, y estaba acostumbrado a caminar o tomar el transporte público en Nigeria. Un pequeño pueblo de Luisiana no era Nigeria y pronto comencé a apreciar esa bicicleta. Lo monté en todas partes, incluso en la carretera. Me sentí raro por ser el único que iba en bicicleta a todas partes, pero no pensé mucho en ello. Este fue mi primer favorito notable de Dios. Es bastante interesante para mí porque ahora, mientras me siento y recuerdo todos estos acontecimientos, noto que Dios siempre ha estado ahí. Cada paso del camino. No importa por lo que estés pasando o tratando de resolverlo. Dios siempre está ahí para garantizar que tengamos todo lo que necesitamos.

La vida empezó a sentirse normal a medida que me adentraba en mi nueva vida en Estados Unidos. Encontré una iglesia donde asistía a los servicios y sentía un sentido de comunidad. Luego me mudé con un nuevo amigo a Carolina del Norte, donde comencé mi búsqueda de una vida mejor, como el trabajo y la escuela. Entonces, de repente, me casé.

Parecía una historia de amor y un matrimonio vertiginosos. Rara vez asistía a la iglesia y luego continuaba mi comunión con Dios. A menudo asistía a una confraternidad en casa con mi ahora ex suegra y, a través de esta pequeña reunión, se respondían para mí muchas preguntas sobre la comprensión de la Palabra de Dios y del mundo.

Nunca olvidaré un caso en el que uno de los hermanos que fracasó con nosotros hizo la pregunta: "¿Por qué la gente nos juzga por nuestra forma de vestir y por santificar el día de reposo? Hay muchos juicios y expectativas." Recuerdo que esa noche todos nos miramos y no pudimos referirnos a la Biblia en ese momento para responder esa pregunta parcial, que nos sugería lo que la Biblia dice al respecto. Es una dura realidad a la que nos enfrentamos en este mundo en el que vivimos. Aunque el dicho "no juzgues un libro por su portada" casi parece un encubrimiento, no está lejos de la verdad. Todos somos juzgados o al menos cuantificados por algo externo.

Esa pregunta permaneció en mi mente hasta el día siguiente, cuando, de repente, en la misma amistad, el espíritu me llevó a un versículo que nunca antes había encontrado ni escuchado en ninguna enseñanza a la que hubiera asistido. El verso que leí en voz alta me abrió los ojos, para asombro de mis hermanos y hermanas favoritos. Todos nos miramos y sonreímos, porque sabíamos que Dios estaba con nosotros para responder esa pregunta, y yo podría haber sido una visa.

Colosense 2:16 dice: *"Que nadie os juzgue por ello en carne, ni en bebida, ni respecto de un día santo, ni de la luna nueva, ni de los días de reposo."* El versículo continúa hablando de cómo sucede realmente todo, y en el capítulo tres, comienza enfocando tu corazón en las cosas de arriba y no en esta tierra.

De hecho, esto respondió algunas de mis propias preguntas sobre el seguimiento de la doctrina, las culturas y la religión. Fue una noche increíble y una revelación. Esa noche expuso que todos podríamos tener la misma comprensión de Dios si pidiéramos y esperáramos guía a través de la Palabra de Dios, la Biblia.

Dios nos habla por cualquier medio, pero una forma notable es a través de la Biblia, y es por eso que se volvió importante para mí escribir este libro. He comenzado a leer mi Biblia casi todos los días.

Después de esa noche, conseguí un nuevo trabajo y comencé a trabajar, y mi esposa quedó embarazada de nuestra primera hija. Esto cambió mi vida, literalmente. De repente sentí mucho amor por el pequeño ser humano que creamos. Opté por ser un padre que se queda en casa y la vi crecer durante dos años, hasta nuestra división.

Durante este período de quedarme en casa, empiezo a sentirme deprimido y cansado del matrimonio. Parecía un momento oscuro. Mi esposa y yo estamos en una mala situación en nuestra relación. Me encontré lejos de Dios y estaba forzando mi mensaje y el poder de Dios.

Finalmente, solicitamos el divorcio y me mudé a Texas desde Carolina del Norte, donde comencé de nuevo. Fue una de las decisiones más difíciles de mi vida, pero sentí que tenía que hacerlo para tener una vida mejor y cumplir mi sueño americano.

Trabajamos en la custodia, donde fui a recoger a mi hija durante las vacaciones de verano. Comencé a trabajar en Lowes y comencé mi vida.

Durante todo este tiempo, rara vez iba a la iglesia y no era tan devoto. Bueno, se podría decir que comencé a vivir la vida y, de hecho, dejé de asistir a la iglesia y prefiero fotografiar la vida por mi cuenta.

Como tenía un ingreso fijo y trabajaba en Lowes, administré mi vida y me mudé de Farmfast para alcanzar mis objetivos. Entonces alguien chocó mi auto en mi apartamento, un Acura 3.2TL. Entonces necesitaba otro coche. Fui a comprar un vehículo y el gerente financiero que reconoció mi nombre como nigeriano salió y habló conmigo para solicitar un trabajo y vender automóviles.

Hasta ese momento nunca se me ocurrió vender coches. Tomo la solicitud y nunca la presenté. Me pareció extraño que el gerente de finanzas se tomara el tiempo de llamarme a menudo y me insistiera para que solicitara vender autos, y recuerdo que me dijo que no debería olvidar de dónde soy cuando 'empiezo a ganar buen dinero', como él lo expresó. Todavía no presenté mi solicitud.

Luego, un día, en mi día libre, decidí postularme y fui a cuatro acuerdos con marcas como Toyota, Honda, Mazda y un concesionario de autos usados. Seguí mi instinto, ya que me sentí como en casa en el concesionario Honda, donde me contrataron en el acto. Terminé hablando con cuatro gerentes diferentes, quienes se interesaron en mí y en mi propuesta sobre por qué deberían contratarme. Me contrataron y vendi veintiséis coches en mi primer mes, fabricando en un mes lo que solía fabricar en un año en Lowes. Mi yo soltero fue con amigos al club y pasó la mejor noche de mi vida. O eso pensé, porque con tanto alcohol no recuerdo si fue la mejor noche o fue sólo una ilusión.

Después de cuatro meses de trabajar en ventas y tener éxito, conocí a mi segunda esposa. Tuvimos una aventura de una noche poco después de conocernos por primera vez, ya que fue un torbellino de atracción. Todavía recuerdo haberle dicho que tuve un hijo de un matrimonio anterior después de haber tenido relaciones sexuales con ella, y ella se sorprendió de no conocerme y de que acabáramos de tener relaciones sexuales. Ese momento me apestaba porque aprendí algo importante sobre mi generación actual, que las relaciones de Dios ocurren de esta manera. Hay una razón por la que Dios salvó el sexo después del matrimonio.

Unas semanas más tarde, me dio la noticia que la mayoría de los chicos solteros tienen miedo de recibir. "No me vino el periodo." Ella quedó embarazada apenas unas semanas después de salir y yo estaba aterrorizado porque nunca quise tener un hijo fuera del matrimonio, ya que no fui criado de esa manera. Esto se completó con el hecho de que ya tenía un hijo con mi primera esposa y lo estaba criando fuera del matrimonio. Sentí que me estaba fallando a mí mismo y a Dios y a mis padres.

Hasta este momento prefiero asistir a la iglesia o construir una relación con Dios. A veces me sentía como si estuviera solo.

Después de mucho hablar sobre cómo abordar el tema de su embarazo, decidimos mudarnos juntos y casarnos, ya que estaba firmemente en contra de tener un hijo fuera de un matrimonio. En algún momento, a ella le pareció bien criar al niño sola, pero a mí me convence casarme. A mis padres les pareció bien que criara al niño fuera de un matrimonio, pero ignoraron todas las opciones.

Recibí matrimonio con ella y nos mudamos juntos. Tuvimos nuestro primer bebé juntos y compramos nuestra primera casa.

Invité a mi madre a visitarnos en Estados Unidos. Cuando mi madre visitó y conoció a mi nueva familia, fue una gran revelación, ya que vi otra faceta de mi esposa. Noté algunas características que me preocupaban y que si me hubieran preguntado en ese momento y hubiera dicho antes lo que dije entonces, no me habría casado con ella. Mi respuesta habría sido un no.

Después de ocho años de un largo matrimonio y de perder mi propósito y mi relación con Dios, fuimos bendecidos con dos hermosos hijos y una hermosa casa en un lindo suburbio. Sentí que lo tenía todo, aunque en el fondo la felicidad y la tolerancia estaban lejos de mi corazón.

Decidimos poner fin al matrimonio y solicitar la división después de demasiadas vidas y cargas. Era lo saludable y correcto que había que hacer. Había ignorado todo lo que ella me dijo sobre nuestro cumplimiento. Ella solía decirme que no sentía que yo fuera su persona y que nuestra competitividad estaba en declive.

Aprendí algo importante en esas consecuencias y me sentí perdido por primera vez.

Evento dos

Amor

La división tardó casi un año en finalizarse debido al ir y venir de la división de propiedades. Terminamos cerrando nuestra casa y cerrando cien mil dólares en el pago inicial realizado para comprar la casa un año antes. Se volvió cruel, ambos dispuestos a perderlo todo mientras nadie ganara. Pero en realidad los niños perdieron más de lo que nosotros perdimos. Fue un punto bajo en mi vida, ya que me sentí perdido y sin idea de mi dirección. Recuerdo que una noche me senté y esperé a que mi abogado me informara sobre nuestra interminable mediación en los términos de discusión. Ese día me sentía deprimido, solo y desesperanzado porque el divorcio me estaba chupando la vida.

Perdimos tanto por el divorcio que sufrí económicante ya que yo era el que ganaba el pan y ella era la madre que se quedaba en casa de nuestros dos hijos. Fue un punto bajo para mí, porque había visto una familia perfecta y había trabajado por la unidad y la prosperidad.

En ese momento estaba vacío y comencé a ir a clubes o fiestas para llenar el vacío. Salí y engañé en algunas citas. Estaba buscando soluciones rápidas a mi problema de soledad. Reservaría viajes cortos a República Dominicana y Tailandia sólo para divertirme a corto plazo. Cuando regresé a casa, me sentí vacío y solo por la noche.

Ahora que lo pienso. No me detuve ni un segundo para ir a la iglesia y encontrar mi camino hacia Dios. No sé por qué.

Después de mucha angustia, mi división se hizo definitiva después de mi último viaje a Colombia para disfrutar de una rápida dosis de diversión.

Era una época oscura. No estoy orgulloso de esos tiempos, pero vivir en la oscuridad te ciega de ti mismo.

Siempre he tenido el deseo de casarme y formar una familia, ya que siempre ha sido mi sueño. Luego, dos semanas después de mi segundo divorcio, conocí a una mujer que vivía en Colombia, aunque era originaria de San Cristóbal, Venezuela nos llevamos bien en Instagram.

Charlamos todos los días y nos conocimos más. Por supuesto, esta vez todo estaba sobre la mesa y tenía que marcar mis casillas. Hablamos de personalidad, pasado, finanzas, relaciones, antecedentes familiares e ideologías.

Comencé a desarrollar sentimientos por ella sin conocerla realmente en persona. Creo que lo que contribuyó a eso fue conocernos sin mezclar sexo.

Charlamos diariamente, mañana y noche durante dos meses y aprendimos el uno del otro. Luego compre un vuelo a Colombia para conocerla en persona. Cuando la vi en el aeropuerto, supe dentro de mí que la amaría. Mi corazón se sintió en paz. Sí, ya sé lo que quizás estés pensando, como yo pensaba a menudo al respecto. Necesitaba tomarme mi tiempo y encontrarme a mí mismo. Necesitaba concentrarme en mí mientras solucionaba las cosas y me recuperaba.

Lo he oído todo. Pero me di cuenta de que el tiempo de Dios no es nuestro. Estamos en el tiempo de Dios, y Dios puede hacer lo que quiera ordenándonos a Su tiempo.

Hasta ese momento hablábamos brevemente de nuestras relaciones, ya que le dije que era cristiano y ella me dijo que practicaba la relación yoruba. Casi me pareció divertido porque nací en tierra europea y conocía la religión, ya que emigró de África a América Latina hace décadas.

No pensé mucho en ello, ya que no sabía si iba a terminar con ella a largo plazo, hasta que la conocí en persona.

Nos lo pasamos genial y nos hicimos tatuajes iguales de nuestros signos del zodíaco. Fue una señal de que algo nuevo estaba empezando. Luego hicimos un pacto para estar juntos para siempre. También tatuamos 'Forever' en nuestros dedos de anillo de bodas.

No podía creer que me sintiera enamorado apenas dos semanas después de mi derrota. Recuerdo haber visitado su casa por primera vez y haber visto todos los dioses tallados llamados orishas en la religión yoruba. No tenía miedo, porque en ese momento estaba seguro de mi Dios y de en quién estaba convencido. Sea como sea, se hace evidente que es un problema que necesito resolver más adelante.

Después de regresar de mi viaje para conocerla, continuamos nuestra conversación y nos enamoramos aún más el uno del otro. Entonces, mi problema con su religión empezó a hacerse evidente, porque ella a menudo iba a un río y realizaba algún sacrificio, lo cual me resultaba extraño como cristiano. Si bien no había encontrado el camino de regreso para construir mi relación con Dios, lo conté cuando algo no parecía estar bien de forma natural.

Empiezo a enojarme conmigo mismo por enamorarme de una mujer de otra religión. Pregunté por qué Dios me permitiría sufrir de nuevo. ¿Por qué me enamoré de ella tan rápido? Fue una batalla diaria que desperdicié. A menudo hablábamos de cómo podíamos coexistir con nuestros dioses.

Entonces le dije que por mí y por mi familia serviríamos al Señor. Aunque en realidad no estaba haciendo mucho al servicio del Señor, entonces tenía la convicción de mi Dios y de mi Salvador Jesucristo.

Ella lloraba y yo terminaba la conversación, tratando de distanciarme de ella, aunque mi corazón ya estaba con ella.

Recuerdo una noche conduciendo a casa desde el trabajo y llorando en mi auto, preguntándole a Dios: "¿Por qué, por qué, por qué? He dicho demasiado y lo único que quiero es una mujer que tema a Dios, sea receptiva y se lleve bien con mi madre. No es mucho pedir. ¿Por qué esta mujer con un dios diferente? No. No. ¡No!"

De repente, oigo una voz como una huella en mi espíritu, que dice: "Tu trabajo es amarla."

Tuve esta impresión y sentí que eso era lo que haría. Esa noche la llamé y le dije: "Te amaré y te mostraré amor sin importar a qué dios sirvas, pero con una condición. No puedes tener tus ídolos en nuestra casa, pero puedes practicar tu religión, y podemos tener dos religiones en casa." Ella parecía feliz por mi decisión y esa noche estaba físicamente feliz y contento con ella. Le dije que iría con ella a verla bailar para sus dioses y estar allí para ella, pero no participar en nada, lo cual estaba bien para ella, y pude ver el alivio en su rostro.

En ese momento comencé a comprender que Dios no me había obstruido y todavía estaba conmigo, aunque me sentía perdido. Empiezo a prestarme atención a mí mismo y a centrarme en mis objetivos en la vida.

Evento tres

Dios

Nuestro amor se hizo más profundo y fuerte. Le mostré amor y hasta ese momento no había encontrado la manera de construir una relación con Dios y de ir a la iglesia. Me nombraron para contarle a mi madre sobre sus creencias religiosas, ya que sabía que me criticarían por tomar malas decisiones con las mujeres y por mi vida para mi futuro.

Pero continuamos nuestra relación y nuestro amor mutuo se floreció. Luego, de forma oscura, comencé a notar que mi pie izquierdo estaba sucio o tenía una marca azulada oscura en las uñas del pies izquierdo. Lo lavaba a medida que aparecía y continuaba notándolo regularmente y a menudo escuchaba ruidos mientras dormía. Entonces se hizo evidente que tenía estas marcas cuando me desperté en las uñas de los pies del pie izquierdo.

Entonces empezó a surgir el miedo y le conté a mi madre lo que estaba pasando y me despertaba para mostrarle las marcas. Ella y yo asumimos magia oscura y pensamos que tal vez mi ex estaba tratando de matarme usando magia oscura. Podía oír a mi madre orando aún más fuerte y con más fuerza por mí. A menudo intentaba quedarme despierto toda la noche para evitar las misteriosas marcas, pero aún así lo conseguía incluso después de desmayarme por un segundo. Sentí como si algo en el reino espiritual me estuviera observando, y Tania cada vez más miedo de ver las marcas, se volvió más consistente. Me daría escalofríos, y todavía me daría escalofríos y sudaría al escribirlo ahora. Empecé a buscar formas de evitarlo, por ejemplo, trabajaba más horas, usaba calcetines y, de hecho, leía en línea para comprar salvia y espejos. Compré salvia blanca como me aconsejaron en línea, abrí mis ventanas y oré contra todos los espíritus malignos. Pero eso no detuvo las marcas, y me volví cada vez más frustrado, asustado e indefenso.

Mi madre me daba su aceite de oliva ungido, que yo frotaba y hacía la señal de la cruz en mis pies. Eso ayudaría por la mañana, pero sería reemplazado por voces en mi cabeza como una sensación de que algo o alguien estaba parado justo a mi lado. Vivía solo y no podía dormir en hoteles, porque decía que esto era más espiritual que cualquier otra cosa.

Tuve que contárselo a mi esposa, mientras todavía estábamos saliendo y pasando por la vida. Ella me dijo que consultaría a sus dioses y descubriría quién necesitaba mi atención o quién me estaba haciendo eso. Necesito una respuesta de cualquiera. Sólo quería tener un sueño profundo. ¡Quería que parara!

Recuerdo haber ido a mi iglesia a comprar la señal de la cruz y compré tres y construí un altar en mi dormitorio, esperando que si era un espíritu maligno, huyeran. Bueno, lamento decírtelo; todavía tengo las marcas y me pongo inquieto. Esta vez iba a la iglesia y comencé a renovar mi fe. Pensé que al hacer esto tal vez se detendría.

Entonces, un domingo, mi esposa, con la que en ese momento todavía estábamos saliendo, me dijo que consultó a sus dioses y me dijeron que tengo un consejero al que debo prestar atención. Me quedé aún más desconcertado, ya que ¿a cuál de mis antepasados debía prestar atención? Sabía por mi comprensión de Dios que no prestamos atención a los muertos, por lo que debe ser alguien a quien los dioses no pueden decir o tener la libertad de decir con claridad.

Ese domingo llamé a un guía espiritual. No quiero decir psíquico porque tiene una recepción negativa. La llamé sintiéndose servicial y deprimido. Ella inmediatamente se conectó conmigo por teléfono y nunca nos habíamos conocido antes.

Ella me dijo: "Oh, vaya, fuiste discípulo de Jesús, y esas marcas provienen de que caminaste y hiciste la obra de Dios"

Tan pronto como terminó esas palabras, fue como si algo se iluminara en mí y dije que sí. Me siento como si lo fuera. Ella me dijo que nunca había visto una lectura así antes y que era increíble compartirla conmigo. Ella me dijo que necesitaba volver a la iglesia por completo y servir a Dios. Que no le estaba prestando atención a Dios y que mis servicios eran necesarios.

No me quedé asombrado ni impactado. Sabía que algo dentro de mí estaba fuera de mi camino.

Después de la llamada telefónica, caí de rodillas y credé y oré a Dios por primera vez después de tanto tiempo. Maté porque no podía creer que se necesitaran medidas extremas para que Dios mostrara, "Hijo, te amo y he estado contigo todo este tiempo. Mírame, hijo. No tienes que sufrir, porque mi hijo Jesús lo ha pagado todo. Quiero y necesito tu relación."

Dios mío, lloré como un bebé y el domingo siguiente llegué temprano a la iglesia para comprometerme. He asistido a la misma iglesia al azar y, después de diez años, me convertí en miembro y me inscribí para ser recepcionista y acomodador.

Entonces, de repente, las marcas se detuvieron, los ruidos extraños se detuvieron y comencé a quedarme dormido normalmente. Sentí la protección de Dios. Sentí a Dios y a un ángel asignado conmigo. Fue un sentimiento divino saber que Dios estaba conmigo, tengo un ángel asignado, Jesús vive en mí y tengo toda la autoridad contra cualquier cosa.

La imagen en el frente del libro es mi pie real y la marca, ya que le tomaría fotografías cuando lo notara. Esta es una de las fotografías claras que tomo de ello.

Me sentí como un sobrehumano. Me sentí fuerte porque no desperdiciamos contra carne y hueso sino contra principios y poderes. Necesitamos tener toda la armadura de Dios.

Mi esposa fue increíble al ver mi crecimiento y desarrollo, aunque todavía estaba creciendo rápidamente con su religión. Pero ahora más que nunca, estaba más comprometido con mi Dios—el único Dios verdadero. Me sentí como la segunda vocación después de mi primer encuentro en Nigeria antes de mudarme a los Estados Unidos y tener este segundo encuentro.

Mientras escribo este libro, y hasta este momento, todavía no puedo contener mis sentimientos y estoy llorando ahora mismo nuevamente solo recordando que Dios me ama tanto a mí y a nosotros.

El amor de Dios por nosotros es más profundo de lo que pensamos. Dios es asombroso e incluso llegó al extremo de enviar a su hijo Jesús para que pudiéramos tener una relación plena con él. En el principio, sí, Génesis 3:8 afirma que Jehová Dios caminaba por el Jardín del Edén en el "frío del día", lo que implica un tiempo específico, a menudo interrumpido como la tarde o el anochecer, para interactuar con Adán y Eva. Antes de su pecado, Dios tenía una comunidad familiar regional con los primeros humanos, y este caso describe una visita específica para la confrontación después de la Caída. Entonces, este pasaje me mostró que Dios siempre ha querido una relación con nosotros. Por eso fuimos creados a su propia imagen. Después de esta comprensión, comencé un viaje espiritual de realización y comprensión. Comencé a leer mi Biblia diariamente y fundé una reunión con un pequeño grupo de hombres cristianos el miércoles por la mañana a las seis y media antes del trabajo. Estaba creciendo en el conocimiento y liderazgo de Dios. Comencé a escuchar la voz de Dios tal como se imprimía en mi espíritu. Esa voz todavía pequeña como voz de la razón. Todos lo tenemos ahí, pero el ruido de la vida nos ha hecho ignorarlo. Dios está ahí y Mateo 7:7 hace cliché al decir esto: *"Pide, y te será dado; busca, y encontrarás; llama, y te será abierto."* Es decir, si sólo preguntas y buscas. Dios está ahí. Respecto a la oración, el libro de Mateo innova en dónde orar. En tu armario o habitación interior. Dios quiere nuestra relación y Dios también está celoso.

Comencé a experimentar cosas espirituales y a hacer lo que el espíritu dice, por ejemplo, después de unas semanas, el espíritu me dijo que comenzara a diezmar, y nunca he dado el diez por ciento de mis ingresos como cristiano. A menudo pensé que Dios era poderoso y no necesitaba mi diez por ciento. Sí, esto es cierto, pero Dios me lo dijo, "No lo necesito, hijo, pero si puedes confiar en mí y dices que me amas, dame tu diez por ciento y mira si no te bendigo." En ese momento, acababa de salir de una división y estaba pasando por una de las peores crisis financieras por las que había pasado en mi vida. Estaba en shock de que Dios pusiera esto en mi espíritu tan pronto, y realmente necesitaba cada centavo para pagar mis deudas. Incluso se lo dije a mi esposa cuando estábamos saliendo y teníamos diferentes puntos de vista al respecto.

Un domingo en la iglesia, el pastor predicó sobre el diezmo, y allí estaba de nuevo. Aprendí rápidamente que cuando Dios te habla para hacer algo, simplemente hazlo. No puedes correr ni esconderte. Como un padre que le enseña a un niño todos los caminos y lecciones de la vida. Dios lo hará a través de todo lo que veas a tu alrededor, si tan solo miras para ver y escuchas para oír. Fue un sermón poderoso, ya que el pastor pudo retratarme exactamente como era. Recuerdo que usó un balde o algún tipo de cosa para explicar que eres tan bendecido, luego lo tienes, pero al final, no lo tienes para dar testimonio de lo que necesitas. Como un círculo continuo, pero Dios nos permitió una vez para que probáramos a Dios a través del diezmo. Estaba sentado allí en la iglesia y sonriendo porque miré hacia arriba y dije, está bien, está bien, está bien. Lo entiendo. Me comprometo a diezmar por el resto de mi vida en la tierra. Me comprometí ese domingo y llegó mi primer ingreso. Fue difícil porque sabía que podía usar ese diez por ciento para cumplir con el pago mínimo adeudado, pero tuve que hacerlo porque ¿quién era el gobernante del cielo y de la tierra, quién podía quitarme la vida ahora mismo, quién me daba favores, quién podía pedir favores? Dios. Dios puede.

Decidí diezmar y podría decirles que eso incidió en mi amor por Dios porque me sentí más conectado con Él. Luego mi oración cambió la semana siguiente porque comencé a recordar a Dios en mis oraciones. Dios, dijiste que me bendecirías. Dijiste en tu Palabra que te diera el diez por ciento y que me bendijeras. Fue increíble que comencé a tener tanta confirmación, como si hubiera ido al gimnasio y tengo un paquete de seis en mi estomago durante la noche. Bueno, estoy trabajando en eso. Todavía tengo un pequeño paquete. ¡Dame tiempo! Es sorprendente cómo cuando confías en Dios y tienes fe, tus oraciones cambian. Empiezas a orar oraciones audaces y tu amor por Dios crece.

Después de un par de meses, una noche. Mi esposa y yo estábamos haciendo videollamadas como ruta, cuando ella se derrumbó y credó y realmente me dijo lo que estaba sintiendo. Todo lo que hice fue escucharla. Ella explicó que había pasado por muchas cosas con su religión, y con lo que estaba aprendiendo y viendo conmigo y con mi Dios, ya no quería hacerlo más. Me quedé atónito.

Dije: "Eres como una madre feliz y que ha desempeñado tantas características en esa religión." Ella era como una pastora en esa relación y la admiraban. Ella entró en tantos secretos oscuros que no quiero repetir ni revelar, y vio mi corazón y mis caminos, y quiso sentir la libertad como yo sentía. Sentí escalofríos nuevamente al recordar que esa noche recibí el mensaje en mi espíritu de que mi único trabajo era amar su deseo todo lo que veía. Regresé a aquella noche que lloré y le pregunté a Dios por qué.

Aprendí algo muy importante esa noche. La Biblia es para el amor y no para el juicio. Dios es amor y el amor es Dios. El solo hecho de amarla y amarla como Dios me ama incondicionalmente marcó la diferencia en el mundo, y Dios me dio una gran lección sobre el juicio y mi trabajo aquí. ¡Todo es cuestión de amor!

En ese momento, me quedé atónito cuando mi esposa lloró y decidió esa noche prometerle a ese dios y todo lo que había hecho por él. Ella me dijo que se sentía como si estuviera esclavizada y temerosa por su vida, ya que le dijeron que moriría si se iba, y así sucesivamente.

Bueno, eso no estuvo exento de reacciones negativas para mí. Esa noche, mientras dormía, comencé a ahogarme, sentí como si alguien se estuviera ahogando conmigo de forma natural y no podía respirar. Pude sacar las palabras "La sangre de JESÚS" y obtuve algo de alivio y pude recitar la palabra de Dios en ese momento mientras gritaba desde mi sueño, reprendiendo a ese dios que mi esposa hirió de mi boca en mi habitación. Grité el nombre de esa diosa del agua. Lo grité como si supiera en mi espíritu que era ella por mi sueño profundo. Grité el nombre de ese dios y abrí los ojos mientras recitaba Efesios 6:12 RV: "*Porque no herimos contra carne y sangre, pero contra los principios, contra los poderes, contra los gobernantes de las tinieblas de este mundo.*"

Entonces dije que la batalla estaba ganada y me sentí fuerte y victorioso esa noche. Sonreí porque sentí la victoria.

No podía esperar para contarle a mi esposa esa mañana lo que pasó, y lo hice. Esa noche tuve una revelación importante: había una guerra constante en el reino espiritual, que es una batalla de almas. Va mientras lees o escuchas este libro. Sólo espero que ella me haya creído, porque a veces compartir estas cosas con alguien que tal vez no las entienda podría llevarte a la sala de psicópatas. Cuando se lo dije, ella se quejó y se sorprendió de que su dios me atacara porque pensaba que el dios del agua era una diosa amable y dulce. Le dije la verdad y mi victoria, y le dije que ahora era mía y que había ganado la pelea. Ella estaba realmente bien. Ella pertenecía a Dios y era hija de Dios.

Nunca me he sentido tan fuerte en mi vida como en ese momento. Tenía una sensación como la de Johnny Bravo. Ha sido surrealista mi viaje espiritual hasta ahora. Ha sido una serie de acontecimientos consecutivos.

Después de esa noche, he dormido como un bebé sabiendo que mi Dios vela por mí día y noche, y que estoy en buenas manos de Dios. Amo mucho a Dios y rezo todos los días para que Dios sea visto a través de mí y no de mí. Así como mi esposa pudo ver a Dios y volverse, yo quería vivir el resto de mi vida en Su gracia. Mi esposa entregó su vida a Jesús conmigo, le compre su primera Biblia y ella fue brillante. Ahora es una cristiana nacida de nuevo y lee su Biblia casi todos los días. Estamos creciendo juntos con el propósito de Dios y ambos recorremos nuestros caminos en la vida. Tengo la mayor paz y tolerancia. Sé exactamente a dónde voy. Es muy tranquilizador saber eso y vivir internamente libre y en paz. ¡Increíble!

A medida que comienzo a leer la Biblia casi a diario y a orar, empiezo a comprender mucho acerca de nuestro Dios. A menudo buscamos respuestas y momentos en los lugares equivocados o de la persona equivocada. Dios comenzó a exponerme a la prueba de la fe y de mi espiritualidad. Sí, como cristianos, estamos sujetos a las tentaciones permitidas por Dios para ver nuestro crecimiento. Todos tenemos desafíos y adiciones. Pasé por una prueba de tolerancia, ya que a menudo guardo rencor. Definí mi propio cuerpo hacia el deseo de ver pornografía. Cosas que no están bien y tu espíritu te lo dice. La verdad es que todos tenemos la verdad dentro de nosotros y sabemos qué hacer. A menudo optamos por soluciones rápidas, lo que nos lleva al fin. Me sentí fuerte de que mi propio cuerpo o mis propios deseos pudieran confundirse.

En el libro de Mateo y Lucas, de la Biblia King James Version (KJV), Jesús ayunó durante cuarenta días, luego fue conducido al desierto por el Espíritu para ser probado por el diablo. El diablo, por supuesto, vio una oportunidad para Jesús tres veces: le ofreció pan físico, le sugirió que proporcionara su muerte saliendo del templo y, finalmente, le ofreció a todos los reyes del mundo si adoraba al diablo. Jesús restauró cada tentación citando las Escrituras.

Él vino como hombre para mostrarnos cómo vivir, pasó por todo para mostrarnos cómo resistir la tentación, y después de resucitar, ahora vive en nosotros para que la luz brille a través de nosotros.

He entregado mi vida plenamente a Dios. La verdad se encuentra a través de Jesús, quien es el único camino hacia Dios. Y el comienzo del temor de Dios es el momento en que empiezas a crecer en sabiduría.

Mi historia trata sobre acontecimientos reales de mi vida y mis relatos de acontecimientos que me llevaron a este punto. Todos tenemos nuestra propia historia y viaje hasta aquí. Una cosa que sé es que tenemos un camino y todo se une para el propósito de Dios. Algunos podrían ser una señal, un milagro o algo extraordinario. Pero una cosa permanece constante: Dios es el mismo ayer hoy y para siempre. El cielo y la tierra pasarán, pero Dios es constante.

Como hijo de Dios, disfruto aprendiendo y creciendo en la Palabra de Dios, como deberíamos hacerlo si realmente buscamos Su reino, porque aunque estamos aquí, ponemos nuestros ojos en las cosas de arriba.

Es posible que estés en una posición en la que nunca hayas sentido que Dios existe. Esta es una buena posición porque la curvatura es un punto de partida y mira en la dirección correcta para saciar esa sed.

Dios está aquí y mi vida es un testimonio de que el amor de Dios por nosotros es abrumador y es gratuito. Mi caso puede haber sido extremo con las marcas y el juicio en la dirección correcta, pero ¿qué pasa si estás mirando en la dirección equivocada. Mientras buscaba comprender algo más grande, descubrí que todos estamos en busca de algo o estamos buscando crecimiento profesional, finanzas, hijos, nosotros mismos, matrimonio, crecimiento espiritual o lo que sea. Pero las verdaderas respuestas dentro de nosotros y mirando en la dirección correcta. Ahora bien, ¿quién sabe cuál es la dirección correcta?

Según recuerdo, Números 21:8, *"Y el Señor dijo a Moisés: Hazte serpiente de fuego, y ponla sobre un poste; y sucederá que todo el que sea mordido, cuando lo mire, vivirá.*[9] *Y Moisés hizo una serpiente de bronce, y la puso sobre un poste, y aconteció que si una serpiente había mordido a algún hombre, cuando era serpiente de bronce, vivía."*

Todo el tiempo ha sido la cruz, y ahora mirar la cruz y aceptar a Jesús abre la puerta a Dios, que está ahí contigo, esperando que mires.

Al momento de escribir este libro, todavía estoy creciendo en la comprensión de Dios y mi amor por Dios es siempre fuerte. Mi relación con mi esposa es sana y fuerte, así como con mis hijos.

He llegado a apreciar más la vida y el poco tiempo que tengo en la tierra. Cada día es un regalo que estoy feliz de recibir y bienvenido en él. No predico la Palabra de Dios porque mi vida se ha convertido en la Palabra de Dios. Ahora entiendo que se supone que debemos rechazar el amor de Dios para atraer a otras personas a querer sentir ese amor, y simplemente señalamos la cruz. Quiero hablar sobre el diezmo. Tan pronto como comencé a pagar mi título, quiero informarles que al momento de escribir este libro, Dios me dio libertad creativa para crear un negocio de velas llamado "Las Velas de Cordero" A menudo me pregunto por qué el espíritu me llevaría a hacer velas. Nosotros, como hijos de Dios, somos un viajero dulce hacia Dios a través de oraciones, y pude usar cera de abejas y fragancias para crear una escena única. Ahí lo tienes—Comencé un negocio mientras todavía trabajaba a tiempo completo y el espíritu me llevó a escribir mi primer libro. Algo que nunca había pensado en hacer.

He comenzado a esperar la bondad de Dios. Es increíble caminar y tener una relación con Él.

Los tres acontecimientos más importantes de mi vida ocurrieron cuando recordé mi experiencia y elegí estos tres acontecimientos como un momento decisivo en mi vida. De hecho, la vida es una lección, pero ¿qué estamos aprendiendo? Hay muchas preguntas y ninguna respuesta correcta. Aunque parezca así, el primer llamado a mí firmó la fe, porque si quieres algo de tu padre, no comerás hasta conseguirlo. Es diferente. Jesús ayunó y, como cristiano, hay algo espiritual en el ayuno. Privarte de comida y necesidad porque estás construyendo una relación con tu padre.

El segundo acontecimiento fue el amor. Tuve que sentir el amor de Dios en mi vida en el punto más bajo de mi vida, y Dios me levantó y me dio a alguien de quien me sentía enamorado. Alguien por quien le pregunté. A menudo pregunto: "Dios, me casé dos veces y me dividí. He pecado." Dios me aseguró que una vez que eres una nueva creación, eres nueva y todo es absolutamente forzado. Dios me permitió pasar por cosas de dolor, pero esas cosas no me consumieron. Dios nunca olvida demasiado de nosotros, sino que todo tiene un propósito. Aprendí que todo tiene un propósito y una temporada. La autocondena y la tensión por la infección de diez nos mantienen esclavizados a nosotros mismos. Solía pensar que no era perfecto porque soy humano. Bueno, como ser humano pecador, no puedes serlo. Permitir que Dios tenga el control y aceptar a Jesús lo cambia todo. Llegué a un pasaje donde Dios se cumplió conmigo en que somos perfectos en Cristo, y cuando permitimos que Dios tenga el control de nuestras vidas, nos ponemos toda la armadura de Dios. Estamos preparados para afrontar cualquier cosa. Mateo 5:48 es un versículo que dice: *"Sed, pues, perfectos, como vuestro Padre que está en los cielos, es perfecto."* Jesús en este versículo nos desafía mientras enseñaba en el Monte.

No te sientas estresado ni impuro. Dios nos ama demasiado como para rechazarnos en cualquier momento. Dios me permitió pasar por una división sólo para llegar a depender de Dios y ver a Dios. Todo y todas las cosas son para el propósito de Dios.

El tercer acontecimiento fue la marcación en mi pie, que fue firmada como último llamado. Este acontecimiento reveló la extensión a la que Dios acudirá para llamar vuestra atención. Me siento aquí quemando una vela hecha con cera de abejas que creé a partir de mi espíritu, reflexionando sobre cómo Dios, una y otra vez, ha llamado la atención de Sus hijos. Déjalos pasar, Éxodo Capítulo 3. Mientras cuidaba las ovejas de su suegro, Moisés interrumpió al Ángel del Señor en una llama de fuego de un arbusto que ardía pero no era consumido. Entonces Dios llamó a Moisés desde la zarza, se identificó como el Dios de Abraham, Isaac y Jacob, y comprometió a Moisés a sacar a los israelitas de Egipto. La historia de Balaam se encuentra en el Libro de Números 22. Como profeta contratado que se suponía debía maldecir a los israelíes, Balaam es reprendido y redirigido por Dios a través del discurso milagroso de su propio burro.

¿Dios está tratando de llamar tu atención, pero la vida es demasiado ruidosa estos días? Dios sigue siendo el mismo ayer, hoy y para siempre, y hay tantas historias de milagros cada día de la obra de Dios.

Mi oración todos los días ahora es agradecer a Dios por todo lo que tengo y lo que Dios está haciendo. Escuchar y ser siervo de los hijos de Dios. Todos somos de Dios y debemos servirnos unos a otros ordenando a la voluntad de Dios.

Rezo para que tu viaje sea por algo más grande—por el propósito de Dios.

Dios te bendiga.

Doy gracias a Dios por permitirme escribir un libro usando el nombre de Dios, y a Jesús por teñirme y hacerme cumplir esta misericordia. Una parte de los regalos se destinará a la ampliación del ministerio de Dios.

¡Los 3 eventos! Fe, amor y Dios
© 2025 por Frank A. Isede

Publicado por Frank A. Isede
Magnolia, Texas, Estados Unidos

ISBN: 979-8-9933278-4-6

Impreso en los Estados Unidos de América
Las citas de las Escrituras son de la Santa Biblia, a menos que se indique lo contrario.

Primera edición, 2025